TERRA *aktuell*

Aktuelle Materialien
Russland

KLETT-PERTHES
Gotha und Stuttgart

Inhalt

1. Russland im Überblick
Basisinformationen zu Russland ... 3
Wichtige Wirtschaftsdaten der GUS-Staaten
    im Vergleich ... 4
Wahlen in Russland ... 6

2. Wirtschaft und Industrie
Wirtschaftsüberblick ... 7
Ausgewählte Daten zur Wirtschaftsentwicklung ... 8
    Wirtschaftsleistung, Arbeitsmarkt
    Handelsbilanz, Preisentwicklung
Lauter russische Wunder ... 12
Ungelöste Probleme der nahen Zukunft ... 14
Ausgewählte Daten zur Wirtschaftsentwicklung ... 15

3. Energiewirtschaft
Ausgewählte Daten ... 16

4. Landwirtschaft
Ausgewählte Daten zur Landwirtschaft ... 18
    Bodennutzung
    Produktion ausgewählter Agrargüter
Steht der GUS eine Getreidekrise bevor? ... 20
Ausgewählte Daten zur Landwirtschaft ... 22
    Produktivität

5. Umwelt
Umweltkatastrophen bei Russlands Ölproduktion ... 23
Rettung des Aralsees? ... 24
Schwarzes Wasser im Brunnen ... 26
Die Lage der russischen Atomindustrie ... 27

6. Moskau
Das Geld strömt nach Moskau ... 28
Basisinformationen ... 30

Linksammlung

„Nichts ist so alt wie die Zeitung von gestern" – Ähnliches gilt für die Daten aus Russland. Angaben von staatlichen Institutionen und anderen landesinternen Quellen sind zum Teil widersprüchlich, entbehren einer soliden Basis oder werden manipulativ eingesetzt, so dass Zahlenmaterial aus Russland generell nicht mit derselben Sicherheit zugrunde gelegt werden kann, wie z. B. Statistiken westlicher Länder. Bürgerkriege, Regierungskrisen und wirtschaftliche Schwierigkeiten verändern täglich die Situation in Russland. Die tiefgreifenden Transformationsprozesse in den so genannten Reformländern – allen voran Russland – lassen keinen Lebensbereich der Menschen unverändert.
Diese Entwicklungen mit aktuellen Artikeln nachzuzeichnen und mit aufbereitetem Zahlenmaterial zu belegen ist das Anliegen dieser Materialsammlung, die sich nach folgenden sechs Themenbereichen gliedert:

1. Russland im Überblick
Dieser Abschnitt enthält eine Sammlung von Basisdaten zu Russland, die immer wieder als Bezugspunkte im Unterricht notwendig sind, wenn Einzelthemen behandelt werden.

2. Wirtschaft und Industrie
Hier liegt der Schwerpunkt der Materialsammlung. Die Leistungsfähigkeit der russischen Wirtschaft ist der entscheidende Faktor sowohl für die politische Stabilität als auch für die sozioökonomische Lage der Bevölkerung in dem Reformstaat. Das Auf und Ab der Wirtschaft und die sich abzeichnenden Perspektiven für die Zukunft verdienen daher besondere Beachtung in einem gegenwartsbezogenen Unterricht.

3. Energiewirtschaft
Der Energiesektor als Teil der russischen Wirtschaft verdient besondere Beachtung, weil er die größte Steuer-Einnahmequelle des Staates und damit ein wichtiger Stabilitätsfaktor ist. Russische Erdgaslieferungen haben mittlerweile auch eine große Bedeutung für Westeuropa und insbesondere Deutschland erlangt und sind der wichtigste Devisenbringer des Staates.

4. Landwirtschaft
In diesem ebenfalls besonders stark von der Transformation betroffenen Wirtschaftsbereich sind zwei Aspekte besonders wichtig. Zum ersten geht es um die Entwicklung der Produktionszahlen für eine gesicherte Grundversorgung der Bevölkerung mit Nahrungsmitteln. Der zweite Aspekt betrifft den Fortgang der Umstrukturierung in der russischen Landwirtschaft und die Produktionsanteile von staatlichen, gemeinschaftlichen und privaten Betrieben.

5. Umwelt
Dieses Thema spielte zur Zeit der Sowjetunion weder in den staatlichen Institutionen noch im öffentlichen Bewusstsein eine Rolle, weil es im kommunistischen System totgeschwiegen wurde und keine verlässlichen Daten existierten. Um so stärker kam es im Zuge von Glasnost und Perestroika an die Öffentlichkeit, als erstmals die gigantischen Umweltschäden in der niedergehenden Weltmacht bekannt wurden. Die Schwierigkeiten, in Russland einen funktionierenden Umweltschutz zu etablieren, werden durch die vorliegenden Materialien deutlich.

6. Moskau
In Moskau als Machtpol und Wirtschaftszentrum Russlands entscheiden sich die Geschicke des Landes. Die Entwicklungen in der Hauptstadt zu beobachten ist daher besonders wichtig, gerade in einer Zeit, wo politische Stabilität in Russland noch weit entfernt ist.

Russland im Überblick

Basisinformationen zu Russland:

Geographische Lage: auf den Kontinenten Europa und Asien: 19° O – 169° W/41,2° N – 82° N

Fläche: 17 075 400 km², damit flächengrößter Staat der Erde

Zeitzonen: MEZ +2 bis +11 Stunden

Einwohnerzahl: 147 500 000, davon 79 % im europäischen und 21 % im asiatischen Teil

Bevölkerungsdichte: 8,6 Einw./km²

Städtische Bevölkerung: 77 %

Hauptstadt: Moskau, geographische Lage: 38°O/ 56° N

Einwohnerzahl: 9 300 000

Bevölkerungsgruppen: Russen 81 %, Tataren 4 %, Ukrainer 3 %, Tschuwaschen 1 %, Sonstige (über 100 ethnische Gruppen) 11 %

Landessprachen: Amtssprache Russisch, außerdem die Sprachen der autonomen Republiken, über 100 weitere Sprachen und Dialekte

Bevölkerungswachstum: 1990–1997: –0,10 %
1999   –0,33 %

Altersstruktur:
< 15 Jahre   19 %
15–64 Jahre   68 %
>64 Jahre   13 %

Lebenserwartung: Frauen 71 J., Männer 58 J.

Analphabeten: 3 %

Religionen: überwiegende Konfessionslosigkeit, Russisch-Orthodoxe 35 Mio., Muslime etwa 20 Mio., Minderheiten von Juden, Katholiken, Buddhisten und Protestanten

Verwaltungssystem: 21 Republiken der ehemaligen Sowjetunion sind als heute autonome Gebiete in der Russischen Föderation aufgegangen, Verwaltungsgliederung in insgesamt 89 Gebiete

Politisches System: Föderative Präsidialrepublik seit 1991, Zwei-Kammer-Parlament: Unterhaus (Staatsduma) mit 450 Mitgliedern, Oberhaus (Föderationsrat) mit 178 Mitgliedern (je Verwaltungseinheit 2 Vertreter), besondere Befugnisse des Präsidenten: Ernennung des Ministerpräsidenten und der wichtigsten Minister, Erlassrecht von Dekreten mit Gesetzeskraft, Oberbefehlshaber der Streitkräfte

Währung: 1 Rubel (Rbl) = 100 Kopeken

Wechselkurs	Rubel	/	US-Dollar
Jan. 1999	22,2876		: 1
1998	9,7051		: 1
1997	5,785		: 1
1996	5,121		: 1
1995	4,559		: 1
1994	2,191		: 1

Internationales Kfz-Kennzeichen: RUS

Ende der 90er Jahre setzten Reformländer wie Polen, Tschechien, Ungarn oder die baltischen Republiken einen mehr oder weniger marktwirtschaftlichen Kurs fort; dagegen leiden GUS-Staaten wie Russland und die Ukraine unter den anhaltenden Machtkämpfen zwischen Reformern und Altkommunisten. Ausländische Investoren warten vor allem auf eine Sanierung der öffentlichen Haushalte, die Durchsetzung der Rechtssicherheit in der Wirtschaft, auf soziale Stabilität und auf eine konsequente Privatisierung. Hierin und im Kapitalmangel der Bevölkerung der GUS-Staaten selbst liegen am Ende der ersten „Reform-Dekade" weitere wesentliche Hemmnisse für eine Entwicklung.

Die Ziele einer wirtschaftlichen Integration der GUS-Staaten sind dennoch weit gesteckt: langfristig denkt man an eine Wirtschaftsunion mit liberalisiertem Handel und an eine Zollunion gegenüber den Staaten außerhalb der GUS.

Andere Staaten – wie die drei baltischen – gehen dagegen einen ganz anderen Weg. Sie suchen in Distanz zur GUS ihre Zukunft in einer starken Anbindung an Mittel- und Westeuropa.

Eine entscheidende Rolle für die wirtschaftliche Entwicklung der Staaten wird die Ost-West-Kooperation spielen, also die Bereitschaft der westlichen Staaten und vielleicht noch mehr ihrer Wirtschaftsunternehmen sich in den Ländern der GUS oder des Baltikums zu engagieren: durch Investitionen, in Jointventures, durch die Unterstützung von Infrastrukturmaßnahmen, bei der Bewältigung von Umweltproblemen oder bei der Stabilisierung der Finanzmärkte.

(Fischer Weltalmanach 2000, Frankfurt 1999)

4 Russland im Überblick
Wichtige Wirtschaftsdaten der GUS-Staaten im Vergleich

	Bruttosozialprodukt 1997 je EW in $	Bruttosozialprodukt 1997 in Mio. $ (Anteil Privatsektor in %)	Landw.	Industr.	Dienstl.	Auslandsverschuldung in Mio. $ (1997)	Inflationsrate 1998 in %	Arbeitslosigkeit 1998 in %	Lebenserwartung 1997 in Jahren	Bevölkerungswachstum 1997 in %
GUS-Staaten:										
Russische Föderation	2680	394 861 (73)	7	39	54	125 645	84	11,5	65	−0,1
Ukraine	1040	52 625 (50)	12	35	53	10 901	20	3,7 [1]	69	−0,1
Usbekistan	1020	24 236 (75)	29	28	43	2761	30	0,5	68	2,0
Kasachstan	1350	21 317 (55)	11	24	65	4278	2	3,7	68	0,1
Weißrussland	2150	22 082 (28)	16	39	45	1162	70	2,3 [2]	70	0,1
Aserbaidschan	510	3886 (/)	22	18	60	504	20	27,0	71	1,0
Georgien	860	4656 (70)	38	19	43	1446	11	4,2	73	−0,1
Tadschikistan	330	2010 (15)	22	43	35	901	/	0,7 [3]	67	1,9
Kirgisistan	480	2211 (30)	44	23	33	928	/	3,1	68	0,3
Moldau	460	1974 (60)	30	33	37	1040	18	2,1	68	0,3
Turkmenistan	640	2987 (15)	10	62	28	1771	/	3,0	65	2,1
Armenien	560	2112 (/)	45	35	20	666	20	8,1	71	0,4
zum Vergleich: Baltische Staaten										
Litauen	2260	8360 (70)	11	28	61	1541	5	6,4	70	−0,1
Lettland	2430	5995 (55)	8	30	62	503	5	9,1	68	−1,2
Estland	3360	4899 (60)	7	28	65	658	8	2,2	69	−1,1

[1] (inoffiziell 35–40 %)
[2] (inoffiziell ca. 20 %)
[3] (inoffiziell 10–20 %)

(Fischer Weltalmanach 2000, Frankfurt 1999)

Russland im Überblick

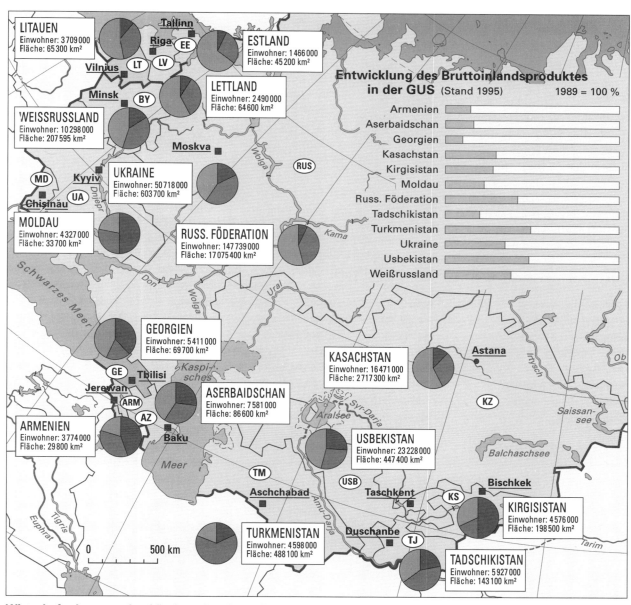

Wirtschaftsdaten zu den Ländern der ehemaligen Sowjetunion (Zahlen von 1995 – 1997)

Land	Handelsbilanz-saldo (Mio. US-$)	Auslands-verschuldung (Mio. US-$)	Arbeits-losigkeit (%)	Inflations-rate (%)
Armenien	- 403	552	8,1	20,2
Aserbaidschan	- 121	435	27,0[1]	20,0
Georgien	- 312	1356	22,0[1]	9,0
Kasachstan	+ 2095	2920	15,0[1]	11,2
Kirgisistan	- 363	789	3,1	k.A.
Moldau	- 344	952	25,0[1]	11,2
Russische Föderation	+ 33400[2]	124785	9,5	11,0[2]
Tadschikistan	- 50	707	10-20[1]	k.A.
Turkmenistan	+ 159	825	3,0	k.A.
Ukraine	+ 400	9335	30,0[1]	16,2
Usbekistan	- 740	2319	12,0	75,0
Weißrussland	- 1497	1071	20,0[1]	63,1
Estland	- 1458	405	4,4	11,2
Lettland	- 1027	472	7,0	7,0
Litauen	- 1758	1286	6,3	8,5

Anteil der drei Wirtschaftssektoren am Bruttoinlandsprodukt

- Sektor I
- Sektor II
- Sektor III

[1] = Schätzungen
[2] = Zahlen vor 1996, also vor dem Einsetzen der Rubelkrise

Russland im Überblick

Wahlen in Russland 1999

Ergebnisse der russischen Staatsdumawahl 1999

Die Staatsdumawahl vom 19. Dezember 1999 gewinnt mit 23,32 % die neue Quasi-„Partei der Macht" „Bär", dank der Unterstützung durch Premier Wladimir Putin. Knapp vor ihr liegt mit 24,29 % – ein ganz geringer Stimmenzuwachs gegenüber 1995 – die „Kommunistische Partei der Russländischen Föderation".

Abgeschlagen folgt mit 13,33 % die vor der Wahl hoch gelobte Bewegung Lushkows „Vaterland – Ganz Russland". Danach rangiert die Bewegung der ehemals regierenden Marktwirtschaftler „Union der rechten Kräfte" mit immerhin 8,52 %.

Der Block „Shirinowskij" mit 5,98 % und „Jabloko" mit 5,93 % haben ihr Wählerpotential praktisch ausgeschöpft. Die Fraktionen repräsentieren 81 % der Wählerstimmen gegenüber rund 50 % in der Staatsduma von 1995, was eine gewisse Konsolidierung des russischen Parteiensystems bedeutet. Die Wahlbeteiligung betrug 61,85 %.

Das überraschend gute Abschneiden von „Bär" war für Jelzin ausschlaggebend, am Silvesterabend 1999 zurückzutreten und so Putin für seine wahrscheinliche Wahl am 26. März 2000 zum neuen russischen Präsidenten zu stärken.

(Eberhard Schneider: Wahlen in Russland 1999/II. In: Aktuelle Analysen Nr. 7/2000, Hg. v. Bundesinstitut für ostwissenschaftliche und internationale Studien)

Ergebnisse der russischen Staatsdumawahl 1999

Partei/Bewegung/Block/Wählervereinigung	Anzahl Ja-Stimmen	Listenergebnisse	Anzahl der Listenmandate	Anzahl der Direktmandate
Kommunistische Partei der Russländischen Föderation	16 195 569	24,29 %	67	46
„Bär" (Einheit)	15 548 707	23,32 %	64	9
Vaterland – Ganz Russland	8 886 697	13,33 %	37	31
Union der rechten Kräfte	5 676 982	8,52 %	24	5
Block Shirinowskij	3 989 932	5,98 %	17	/
Jabloko	3 955 457	5,93 %	16	4
Über 20 weitere Gruppierungen				

Wirtschaft und Industrie
Wirtschaftsüberblick

Sieben Jahre nach dem Zusammenbruch der UdSSR bemüht sich Russland nach wie vor eine moderne Marktwirtschaft einzurichten und ein starkes Wirtschaftswachstum zu erreichen. Das russische Bruttoinlandsprodukt hat sich seit 1991 um schätzungsweise 43 % vermindert, einschließlich eines 5-Prozent-Einbruchs im Jahre 1998, trotz des Reichtums des Landes an natürlichen Ressourcen, seiner gut ausgebildeten Bevölkerung und seiner verschiedenartigen – wenn auch zunehmend verfallenden – Industriegrundlage.

Ende 1997 hatte Russland einige Fortschritte erreicht. Die Inflation war unter Kontrolle gebracht worden, der Rubelkurs hatte sich stabilisiert und ein ehrgeiziges Privatisierungsprogramm hatte tausende Unternehmen in Privatbesitz überführt. Außerdem wurden einige wichtige marktwirtschaftlich orientierte Gesetze verabschiedet, verbunden mit einem Dekret zur Regelung der Geschäftsbeziehungen und einem Schiedsgericht zur Lösung von Wirtschaftskonflikten.

Aber 1998 überrollte die Asien-Krise das Land, was zu einem krassen Niedergang der russischen Erträge des Ölexportes beitrug und in einem Ausstieg vieler ausländischer Investoren endete. Die Sache kam zu einem Höhepunkt, als im August 1998 die Regierung den steilen Fall des Rubels zuließ und die Zahlung von 40 Billionen US-$ in Rubel-Anleihen stoppte.

Aktuelle Probleme schließen ein unentwickeltes Gesetz- und Finanzwesen ebenso ein, wie der geringe Fortschritt bei der Wiederherstellung der Rüstungsindustrie und die kontinuierlich hohen Haushaltsdefizite, was die Unfähigkeit aufeinanderfolgender Regierungen, ausreichend Steuern zu erheben, widerspiegelt.

RUSSISCHES ERFOLGSDUO

Russlands Übergang zu einer Markwirtschaft wurde ebenfalls durch das wachsende Überhandnehmen von Zahlungs-Schulden, Tauschhandel sowie weitverbreiteter Korruption gebremst. Der Ernst der russischen Wirtschaftsprobleme wird dramatisch verstärkt durch den jährlichen Bevölkerungsrückgang, der von einigen Beobachtern auf 800 000 Menschen geschätzt wird, begründet durch Umweltgefahren, den Niedergang des Gesundheitswesens und den Widerwillen der Menschen, Kinder zu haben.

8 Wirtschaft und Industrie

Ausgewählte Daten zur Wirtschaftsentwicklung

Die folgenden Auswahldaten zur Entwicklung der Wirtschaft in Russland zeigen, dass von einer sich dauerhaft abzeichnenden Konsolidierung der Situation nicht gesprochen werden kann. Nach einer relativen Stabilitätsphase 1997 geriet Russland 1998 in eine neue Finanz- und Währungskrise, die zwar teilweise weltwirtschaftliche Ursachen hatte (Asienkrise, Verfall der Energiepreise), überwiegend aber durch wirtschaftspolitische Fehler der Regierung verursacht wurde. Seit Mitte 1998 verlor der Rubel durch Aufgabe der Wechselkursorientierung zum Dollar über drei Viertel seines Wertes. Dies brachte den russischen Unternehmen zwar Vorteile beim Export ihrer Güter und bei der Verdrängung ausländischer Produkte vom russischen Markt; trotzdem wird für die nächste Zeit mit einer weiter sinkenden Bruttoinlandsproduktion gerechnet.

Anteile der Wirtschaftsbereiche am Bruttoinlandsprodukt (BIP) in Prozent

Primärer Sektor (I) 6,6 %
Sekundärer Sektor (II) 31,3 %
Tertiärer Sektor (III) 62,1 %

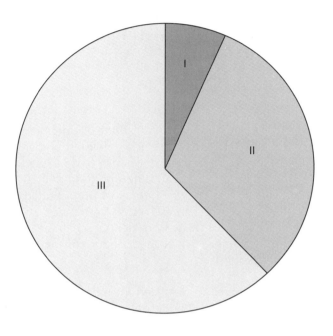

Wirtschaftsleistung

	1994	1995	1996	1997	1998
BIP (Bruttoinlandsprodukt) Mrd. US-$	281	359	451	463	/
BIP, real, Veränderung gg. Vorjahr in %	−12,7	−4,2	−4,9	0,8	−4,6
BIP je Einwohner in US-$	1890	2422	3047	3132	1892

Produktionsentwicklung

	1994	1995	1996	1997	1998
Industrie	51,3	49,6	47,6	48,5	45,9
Landwirtschaft	73,0	67,2	63,8	63,9	58,1
Bauwesen	43,9	39,9	35,5	33,0	30,5

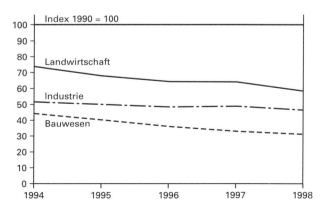

Wirtschaft und Industrie

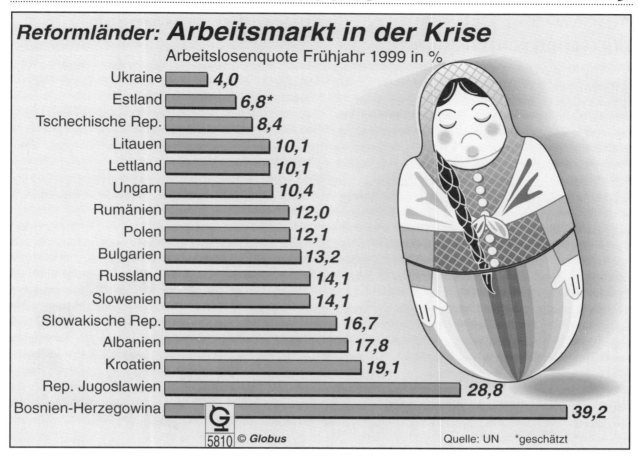

Reformländer: Arbeitsmarkt in der Krise
Arbeitslosenquote Frühjahr 1999 in %

Land	%
Ukraine	4,0
Estland	6,8*
Tschechische Rep.	8,4
Litauen	10,1
Lettland	10,1
Ungarn	10,4
Rumänien	12,0
Polen	12,1
Bulgarien	13,2
Russland	14,1
Slowenien	14,1
Slowakische Rep.	16,7
Albanien	17,8
Kroatien	19,1
Rep. Jugoslawien	28,8
Bosnien-Herzegowina	39,2

Quelle: UN *geschätzt

Die Grafik veranschaulicht, dass Russland im Kreis der so genannten Reformländer eine der höchsten Arbeitslosenquoten aufweist, lässt man einmal die kriegsgeschädigten Nachfolgestaaten des ehemaligen Jugoslawien außen vor.

Zu bedenken ist dabei, dass in Russland ein hohes Maß versteckter Arbeitslosigkeit existiert. Zum einen lassen sich viele Arbeitslose nicht registrieren, da sie nur eine äußerst geringe Arbeitslosenunterstützung erhalten und sich vom Arbeitsamt keine Hilfe versprechen. Zum anderen fließen durch Zwangsurlaub und Teilzeitarbeit große Zahlen von Unterbeschäftigten nicht in die Statistik ein.

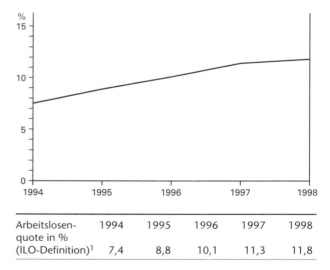

Arbeitslosenquote in % (ILO-Definition)[1]	1994	1995	1996	1997	1998
	7,4	8,8	10,1	11,3	11,8

[1] Die **I**nternational **L**abour **O**rganization (ILO) berechnet die Arbeitslosenquote als Differenz zwischen den Personen im erwerbsfähigen Alter und den Beschäftigten. Andere Statistikmethoden bilden z. B. nur die Differenz zwischen offiziell registrierten Arbeitslosen und Beschäftigten.

10 Wirtschaft und Industrie

Ausgewählte Daten zur Wirtschaftsentwicklung

Inflationsrate

	1994	1995	1996	1997	1998
Konsumgüterpreise	215	131	21,8	11,0	84
Industriegüterpreise	233	175	25,6	7,4	23

Veränderung gg. Dez. des Vorjahres in Prozent

Staatshaushalt in Mrd. Rubel

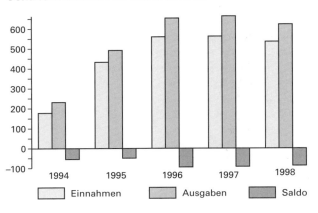

	1994	1995	1996	1997	1998
Einnahmen	177,4	432,7	558,5	565,9	534,9
Ausgaben	234,8	487,4	652,7	661,8	622,2
Saldo	−57,4	−54,7	−94,2	−95,9	−87,3

Außenhandel in Mio. US-$

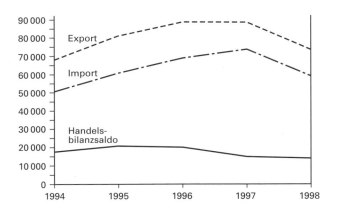

	1994	1995	1996	1997	1998
Export	68 100	81 100	88 600	88 400	73 900
Import	50 500	60 800	68 800	73 600	59 500
Handelsbilanzsaldo	17 600	20 300	19 800	14 800	14 400

Handelsbilanz mit Deutschland in Mio. DM

	1994	1995	1996	1997	1998
Deutsche Ausfuhr	10 754	10 297	11 455	16 434	14 513
Deutsche Einfuhr	13 155	13 612	15 443	17 134	14 746
Deutscher Handelssaldo	−2401	−3315	−3988	−700	−233

Alle Daten aus: Wirtschaftslage und Reformprozesse in Mittel- und Osteuropa (Hg. v. Bundesministerium für Wirtschaft und Technologie Nr. 459, Berlin 1999)

Mit einem Anteil von 70 % des privaten Sektors an der Wirtschaftsleistung der gesamten Föderation liegt Russland im mittleren Bereich der osteuropäischen Staaten. Dieser Anteil hat in den Transformationsjahren seit 1990 stetig zugenommen. Ein interessanter Bezugswert ist der Anteil der Beschäftigten im Privatsektor von nur 38,7 %. Diese Zahl verdeutlicht den wesentlich höheren Grad an Produktivität gegenüber den staatlichen Betrieben.

Wirtschaft und Industrie

Entwicklung der Verbraucherpreise in Russland
Veränderungen gegenüber dem Vorjahr in %

	1991	1992	1993	1994	1995	1996	1997	1998
Verbraucherpreise	160	2 510	840	215	131	22	11	84,4
Nahrungsmittel	171	2 570	838	233	123	18	9	96,0
Alkoholische Getränke	52	2 370	655	131	127	53	18	/
Andere Konsumgüter	211	2 570	642	169	116	18	8	99,5
Dienstleistungen	79	2 120	2 310	522	232	48	23	18,3

(Deutsches Institut für Wirtschaftsforschung (DIW), Wochenbericht 19/99: Die wirtschaftliche Lage Russlands, Berlin 1999)

Entwicklung der industriellen Erzeugerpreise in Russland
Veränderungen gegenüber dem Vorjahr in %

	1991	1992	1993	1994	1995	1996	1997
Elektrizitätswirtschaft	110	5 410	1 258	229	199	35	9
Brennstoffindustrie	130	9 170	634	201	187	40	19
Eisen- und Stahlindustrie	240	3 520	1 086	242	185	16	1
NE-Metallurgie	230	5 120	558	296	121	12	3
Chemieindustrie	170	3 790	848	262	168	18	5
Petrochemie	150	5 250	672	260	167	24	11
Maschinenbau und Metallverarbeitung	210	2 620	949	230	178	24	9
Holz-, Holzverarbeitungs-, Zellstoff- und Papierindustrie	240	1 920	889	271	174	12	8
Baustoffindustrie	210	2 710	1 145	212	171	34	9
Leichtindustrie	370	1 160	381	241	163	20	10
Nahrungsmittelindustrie	310	2 630	971	208	156	22	11

(Deutsches Institut für Wirtschaftsforschung (DIW), Wochenbericht 19/99: Die wirtschaftliche Lage Russlands, Berlin 1999)

Die Tabelle zur Preisentwicklung zeigt die Phasen starker Inflationsschübe und Phasen einer ansatzweisen Entwicklung von Geldwertstabilität in Russland. Besonders starke Krisenjahre waren 1992, 1993 und für den Dienstleistungsbereich noch einmal das Jahr 1994. Nach einer Konsolidierungsphase in den Jahren 1995 bis 1997 mit sinkenden Inflationsraten zeichnet sich bei den Verbraucherpreisen 1998 die erneute Finanz- und Währungskrise deutlich ab.

Dies erklärt sich dadurch, dass der inländische Markt auf Grund der geringen Kaufkraft nicht boomt. Die Warenproduzenten besetzen zwar die Nischen, die durch den Importrückgang entstanden sind, sind aber zugleich durch die Einschränkungen belastet, die mit dem sinkenden Verbrauch sowie dem Mangel an Umsatzkapital und an Investitionen zusammenhängen.

Die ausbleibende gleichzeitige und gegenseitig bedingte Erweiterung der Produktion und des Endverbrauchs deutet darauf hin, dass man nicht vom Übergang der Wirtschaft zur Wachstumsphase oder aber von einer Gestaltung des „Wirtschaftserweiterungsmodells" in Russland sprechen kann. Das Wesen der derzeitigen Prozesse besteht lediglich in der Umstrukturierung der Verhältnisse zwischen Produktion, Einfuhr, Konsum, Akkumulation und Ausfuhr. Diese Entwicklung spiegelt die Anpassung der Wirtschaft an die neuen Preis- und Devisenkursverhältnisse wider. Die wichtigsten Wandlungen sind: die intensive Ersetzung von Importen durch nationale Produkte; die Umverteilung der Einnahmen – von der Bevölkerung zugunsten der Unternehmen im realen Wirtschaftssektor, wachsende Bruttoeinsparungen, in erster Linie durch den gesunkenen Verbrauch; eine relative Verminderung des inländischen Konsums und der Akkumulation bei einer gleichzeitigen Steigerung der Nettoausfuhr (Ausfuhr minus Einfuhr).

Wirtschaft und Industrie

Lauter russische Wunder

Mächtige Schattenwirtschaft

Die Schattenökonomie ist seit Jahrzehnten fester Bestandteil der russischen Wirtschaft. Der Schwarzmarkt versorgte die darbenden Bürger im Kommunismus mit allem Defizitären – vom Toilettenpapier bis hin zu ausgefallenen Konsumwaren. Heute lässt sich alles kaufen. Der Rubel ist nun richtiges Geld und eine konvertierbare Währung.

Die Schattenwirtschaft besteht indes fort – nur mit anderer Struktur. Zwischen 40 und 60 Prozent des Bruttoinlandsproduktes werden am Fiskus vorbei erwirtschaftet. Die Folgen für den Staatsetat sind katastrophal. Dem Kreml fehlt selbst für rudimentäre sozial- und ordnungspolitische Aufgaben das Geld. Es klingt paradox: Die Gleichgültigkeit, mit der der Staat illegale Geschäfte und Steuerhinterziehung duldet, entbindet ihn im Gegenzug von der Fürsorgepflicht und stellt sogar ein Mindestmaß an sozialer Stabilität sicher – wenn auch auf niedrigem Niveau.

Massenarbeitslosigkeit, Hungersnöte und soziale Unruhen gehörten zu den Szenarien, die seit Beginn der Gaidar-Reformen 1992 oft heraufbeschworen wurden. Die düsteren Prognosen sind aber kein einziges Mal eingetroffen. Doch als am 17. August 1998 der Rubel auf ein Viertel des vorherigen Wertes sank, sah alle Welt Russland schon am Rande des Vulkans tanzen. Wie sollten die Metropolen Moskau und St. Petersburg, die bisher zu 70 Prozent von Lebensmittelimporten aus dem Westen abhängig waren, mit einem Wechselkurs über den Winter kommen, der die Einfuhrkosten um das Vierfache verteuerte? Würde die Leidensfähigkeit der Russen nicht überstrapaziert?

Keine ernsthaften Reformen

Russische Sozialwissenschaftler kamen im Auftrage der Friedrich-Ebert-Stiftung jüngst einer anderen Realität auf die Spur. Ließen sich vor der Krise ein Viertel der Russen der Mittelschicht zurechnen, waren es im Frühjahr noch 18 Prozent, die ihren Status hatten retten können – immerhin 15 Millionen Erwachsene, die die Krise meisterten und oft in ihren Jobs weiterarbeiten.

Man darf die russische Mittelschicht jedoch nicht mit ihrem Pendant im Westen gleichsetzen. Lebensstandard und Grad der Existenzsicherung weichen stark voneinander ab. Die Kategorie greift nur innerhalb des Landes. Dennoch belegt die Flexibilität der Mittelschichten, dass sich ein Wandel vollzogen hat, und zwar innerhalb der Gesellschaft, ohne dass die politisch Verantwortlichen in Moskau einschneidende Reformen eingeleitet hätten. Keine Regierung hat sich ernsthaft daran gemacht, eine solide Industrie-, Landwirtschafts- oder Sozialpolitik zu entwerfen.

Die Abwertung des Rubels korrigierte den künstlich hochgehaltenen, unrealistischen Kurs mit vorzeigbaren Folgen: Heimische Lebensmittelhersteller eroberten den russischen Markt zurück. Inzwischen gibt es wieder Käse, Jogurt, Fruchtsäfte, Mineralwasser und Spagetti aus dem eigenen Land zu kaufen. Es stieg sogar die Bereitschaft westlicher Firmen, in die Lebensmittelproduktion zu investieren. Importe sanken auf ein Viertel des vorherigen Umfangs. Hält der Trend an? Erfolgsmeldungen und Zahlenspiele aus Russland sind mit Vorsicht zu genießen, zumindest sollte man den Standpunkt der Quelle genau überprüfen. Der Chef des Arbeitszentrums Wirtschaftsreform, Wladimir Mau, geht für 1999 von einem Produktionsplus von drei bis fünf Prozent aus; die US-Anlageberater Goldman und Sachs veranschlagten gar acht Prozent.

Ob das Stimmungsbarometer russischer Unternehmensleiter im Vergleich dazu verlässlicher ist? Drei von vier Topmanagern schätzten im Juli den Konjunkturverlauf positiv oder zumindest zufriedenstellend ein. Zudem sank die Inflationsrate, und ein hoher Außenhandelsüberschuss wurde erzielt. Schönheitsfehler: Die Regierung kann sich den unverhofften Aufschwung nicht ans Revers heften. Nur dem hohen Ölpreis und der Rubel-Abwertung ist die Genesung zuzuschreiben, äußeren Faktoren also. Ebenso schnell kann sich das Blatt wieder wenden. Der Rauswurf von Ministerpräsident Stepaschin könnte das Land wieder ins Chaos stürzen. Der seit Monaten anhaltende Aufwärtstrend des Rubels jedenfalls ist vorerst gestoppt.

Vor Optimismus sei daher gewarnt. Denn die Rahmenbedingungen für Investitionen – Rechtssicherheit und Transparenz – werden sich so bald nicht verbessern. Schon gar nicht im kommenden Wahljahr. Maximal darf der Kreml in der nächsten Dekade mit einem jährlichen Wirtschaftswachstum von vier Prozent rechnen. Das ist weit weniger, als die Schwellenländer Südostasiens im letzten Jahrzehnt per annum zugelegt haben. Die baufälligen Staatsstrukturen lassen sich damit nicht sanieren, nicht einmal der Zerfall lässt sich aufhalten. Allein die überfällige Militärreform verlangt 150 bis 300 Milliarden Dollar. Je schwächer aber der Staat, desto bedrohlicher die Zentrifugalkräfte, die die Desintegration freisetzt.

Wirtschaft und Industrie

Der Westen ist sich der Brisanz bewusst. Wohl kaum hätte der Internationale Währungsfonds (IWF) sonst 4,5 Milliarden Dollar an weiteren Hilfen freigegeben. Dem Kreml noch einmal ein Beruhigungsmittel zu verschreiben war eine rein politische Entscheidung. Den Vertrauenskredit hat Moskau längst verspielt – spätestens seit die Affäre um die Offshore-Firma Fimaco ruchbar wurde, auf die die russische Zentralbank 50 Milliarden US-Dollar an Währungsreserven verschoben hatte.

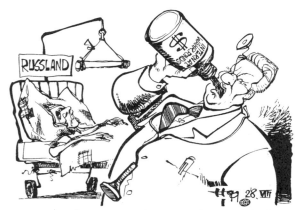

Blauäugiger Westen
Dazu gehörten auch IWF-Gelder, die statt in nötige Strukturreformen in Spekulationen mit Staatsanleihen und Währungsgeschäfte flossen. Im August 1998 stürzte die Finanzpyramide jäh ein und begrub das Bankensystem unter sich. Eigentlich verbieten die IWF-Regeln Spekulationen mit Währungsreserven. Diese Veruntreuung hätte also ausgereicht, um die Kooperation mit dem Land aufzukündigen. Einzige milde Konsequenz des IWF aber: Der neue Kredit dient der Schuldentilgung und wechselt lediglich beim IWF von Konto zu Konto. Natürlich trifft auch den Westen Schuld. Russlands Ex-Finanzminister Boris Fjodorow meinte kürzlich: „Die russischen Politiker haben gelernt, dem Westen Sand in die Augen zu streuen, und der Westen hat gelernt, so zu tun, als bemerke er es nicht."

Seit sechs Jahren verlasse sich jede Regierung auf Finanzhilfen. Immer nach dem gleichen Muster: Sobald Moskau Geld erhalten habe, vergesse es die Auflagen, schlittere in eine neue Krise und bettele wieder um Almosen. Finanzspritzen aber erstickten jeglichen Reformwillen. Im Westen sei das längst offenes Geheimnis. „Neue Kredite", so Ex-Kassenwirt Fjodorow, „verletzen die nationalen Interessen Russlands."

Die Finanzpyramide hat indes gezeigt, dass sich im Westen eine prekäre Allianz gebildet hat: aus Politikern, die wegschauen, weil ihnen an guten Beziehungen zum Kreml gelegen ist, und aus Finanzinstitutionen, die den Profit aus russischen Staatsanleihen ausreizen wollen. Ein russisches Wunder?

(Rheinischer Merkur 33/99, K.H. Donath)

Wirtschaft und Industrie

Ungelöste Probleme der nahen Zukunft

Vor dem Hintergrund der Konjunkturbelebung zeichnen sich die Probleme der russischen Wirtschaft, die besonders schnell einer Lösung bedürfen, scharf und kontrastreich ab.

Das erste Problem ist die gravierende Verminderung der tatsächlichen Einnahmen und des Konsums der Bevölkerung. Das reale Geldeinkommen begann bereits im ersten Halbjahr 1998 zu sinken. Der Inflationsausbruch im Herbst beschleunigte diesen Prozess nur. Seit September wurde das reale Geldeinkommen um beinahe dreißig Prozent gegenüber dem Vergleichszeitraum des Vorjahres abgewertet, und bislang deutet sich nicht an, dass dieser Trend umgebogen werden kann. Nach den Ergebnissen des Jahres 1999 wird die Reduzierung des Realeinkommens der Bevölkerung auf achtzehn bis zwanzig Prozent geschätzt.

Unter diesen Gegebenheiten wachsen Armut und Elend. Vor dem 17. August gab es in Russland nach offiziellen Angaben etwa dreißig Millionen Menschen (zwanzig Prozent der Bevölkerung), deren Geldeinkommen unter dem Existenzminimum lag. Nach inoffiziellen Schätzungen waren es sogar fünfzig Millionen.

Bis Anfang 1999 hat sich diese Zahl laut offiziellen Angaben noch einmal um zwanzig Millionen Menschen erhöht. Somit leben heute nach den unterschiedlichen Schätzungen dreißig bis fünfzig Prozent der Bevölkerung unterhalb der Armutsgrenze.

Das zweite Problem sind die extrem niedrigen Steuereinnahmen, die aber zur Finanzierung der Staatsausgaben unabdingbar sind.

Das dritte Problem besteht darin, dass es keine normal funktionierenden Finanzmärkte und keine Bedingungen zur Ausweitung der Bankkredite für den realen Wirtschaftssektor gibt. In der russischen Wirtschaft ist eine Situation entstanden, in der einerseits die liquiden Mittel der Privatbanken infolge der Geldemission wieder zunehmen, und es andererseits praktisch keine Bewegungen für deren effiziente Unterbringung gibt. Anfang Juni beliefen sich die freiwilligen Reserven der Privatbanken (Geld auf den Korrespondenzkonten) auf fast sechzig Milliarden Rubel und haben sich somit seit Januar 1999 um etwa 180 Prozent erhöht. Dieses „Liquiditätsvordach" kann allerdings jederzeit auf dem Devisenmarkt einstürzen, da ein derartiger Einsturz nur durch die administrativen Vorgaben der Zentralbank verhindert wird. Andererseits haben sich die Bankkredite für Unternehmen auf einem sehr niedrigen Stand von 75 bis 80 Prozent der Vorkrisenzeit (für Rubelkredite sind es nur fünfzig Prozent) stabilisiert. Dass so wenig Kredite vergeben werden, erklärt sich dadurch, dass nach der Augustkrise die wichtigsten Ursachen des Zusammenbruchs des Kreditmarktes auch weiterhin wirken: Es handelt sich um die massiv gestiegenen Kreditrisiken, die niedrige Liquidität der Kreditinstitute und ein desorganisiertes System der organisatorischen und finanziellen Beziehungen zwischen Banken und Unternehmen.

Das vierte Problem schließlich sind die niedrigen Devisenreserven des Landes, die nicht reichen, um gegenüber dem Ausland eine normale Liquidität zu sichern. Die Abwertung des Rubels veränderte die Bilanz der Deviseneinnahmen und -ausgaben völlig. Seit dem vierten Quartal 1998 erhöhte sich, vor allem durch den Importrückgang, der positive Saldo der Handelsbilanz. Wenn die bestehenden Trends andauern, wird er in diesem Jahr [1999] 26 bis 28 Milliarden Dollar betragen und sich somit um 100 Prozent gegenüber dem Vorjahr erhöhen.

(Andrej Beloussow: Ausweg aus der Krise der russischen Wirtschaft. In: Wostok 3/99. S. 18–21)

Wirtschaft und Industrie

Ausgewählte Daten zur Wirtschaftsentwicklung

Russlands Schulden

Die Bruttoauslandsverschuldung Russlands ist in den Jahren seit 1990 nahezu kontinuierlich angestiegen. Ein zentraler Aspekt der Außenpolitik Russlands ist daher die Regelung des Schuldendienstes gegenüber den Geberländern. Für 1999 wurden insgesamt 15 Mrd. US-$ an Zins- und Tilgungszahlungen fällig, die den Staatshaushalt erheblich belasteten.

Da Russland in den vergangenen Jahren seinem Schuldendienst trotz umfassender Kredite des IWF nicht regelmäßig nachkam, wurde seine Bonität im internationalen Finanzsystem wiederholt herabgestuft. Ein durchgreifendes Umschuldungsabkommen mit den verschiedenen Gläubiger-Gruppen wurde bisher nicht erreicht. Entscheidend für die weitere Lage Russlands im internationalen Kapitalmarkt wird sein, ob die Voraussetzungen für ein funktionierendes Banken- und Steuersystem in der Föderation geschaffen werden können.

16 Energiewirtschaft

Ausgewählte Daten

Steinkohlenförderung 1997 in Mio. t
Die 10 Staaten mit den größten Fördermengen

VR China (inkl. Braunkohle)	1351,9
USA	913,3
Indien	322,4
GUS	302,3
Südafrika	220,1
Australien	206,2
Polen	137,1
DVR Korea (S)	65,0
Deutschland	51,2
Indonesien	49,2
Weltförderung 1997:	3853,6

In Russland sowie auch in einigen anderen GUS-Staaten führten technische Probleme und die allgemeine wirtschaftliche Stagnation zu einem leichten Rückgang der Erdgasförderung.
In allen anderen Staaten nahmen dagegen die Fördermengen zu, so dass der Vorsprung Russlands als Hauptförderland erheblich geschrumpft ist.
Auch im Bereich der Erdölförderung kam es aufgrund technischer Probleme zu einem Rückgang der Fördermenge. Die Erdölgewinnung nahm im Vergleich zum Vorjahr stark ab.

Erdgasförderung 1998 in Mrd. m³
Die 10 Staaten mit den größten Fördermengen

Russland	570,000
USA	543,400
Kanada	172,000
Großbritannien	93,800
Niederlande	79,200
Indonesien	70,000
Algerien	65,000
Norwegen	47,100
Saudi-Arabien	43,000
Weltförderung 1998:	2404,100

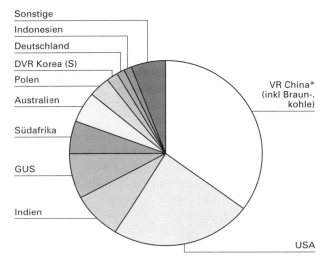

Weltförderung: 3 853,6 Mio. t
*Ohne Angaben für Hongkong und Taiwan

Erdgas-Weltreserven 1997/98
Schätzungen in Mrd. m³

Insgesamt:	152 931
davon Russland	48 320
Iran	23 100
Katar	8970
Ver. Arab. Emirate	6240
Saudi-Arabien	5780
USA	4340
Venezuela	3990
Algerien	3800
Irak	3360
Nigeria	2940
Norwegen	2921
Kanada	1841

Braunkohleförderung 1997 in Mio. t
Die 10 Staaten mit den größten Fördermengen

Deutschland	177,160
Russland	83,000
USA	79,000
Polen	63,197
Australien	61,000
Griechenland	58,939
Türkei	56,093
Tschechische Republik	53,825
Rumänien	29,000
Bulgarien	26,929
Weltförderung 1997:	849,506

Energiewirtschaft

**Erdölförderung 1998 in Mio. t
Die 10 größten Förderländer**

Saudi-Arabien	404,100
USA	402,000
Russland	303,900
Mexiko	169,300
VR China	160,000
Venezuela	159,300
Norwegen	158,900
Großbritannien	138,900
Kanada	126,300
Ver. Arab. Emirate	109,500
Weltförderung 1998:	3571,300

**Die größten Energieverbraucher 1996
in Mio. t. SKE**

USA	3042,1
VR China	1248,1
Russland	864,5
Japan	716,6
Deutschland	492,7
Indien	352,3
Frankreich	347,6
Großbritannien	328,6
Kanada	318,6
Ukraine	199,2

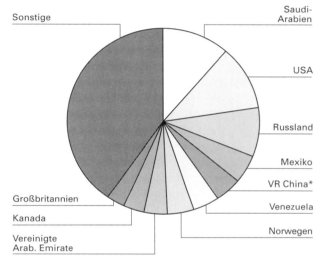

Weltförderung: 3 571,300 Mio. t *Ohne Angaben für Hongkong und Taiwan

Ein Staat im Staate

Gazprom kontrolliert ein Drittel der Welt-Erdgas-Vorräte, beschäftigt 360 000 Menschen und ist nach Mitarbeitern das größte Unternehmen der Welt. Mit seinem Jahresumsatz von 40 Milliarden Mark (1997) liegt das Unternehmen allerdings hinter westlichen Konzernen wie Shell (Jahresumsatz 1997: 172 Milliarden Dollar mit 101 000 Mitarbeitern) weit zurück. Wichtigster Partner in Westeuropa ist die deutsche Ruhrgas AG. Auch BASF betreibt umfangreiche Projekte mit Gazprom. Deutschland bezieht rund ein Drittel seines Erdgases aus Russland.

(Greenpeace Magazin 5/99, S. 40)

Erdölimporte Deutschlands 1998 in %

Russland	24,6
Norwegen	20,1
Großbritannien	18,0
Libyen	12,3
Algerien	5,1
Saudi Arabien	4,9
Syrien	4,7
Venezuela	2,3
Nigeria	2,0
Kasachstan	1,2
Iran	0,9
Irak	0,9
Kuwait	0,8
Sonstige	2,2

(Alle Daten aus: Fischer Weltalmanach 2000. Frankfurt 1999)

18 Landwirtschaft

Ausgewählte Daten zur Landwirtschaft

Bodennutzung (Angaben in 1 000 ha) — Stand: 1996

	Russische Föderation		Deutschland	
Gesamtfläche	1 688 850	100%	34 909	100%
davon Ackerland	130 970	7,8%	11 832	33,9%
Wald	763 360	45,2%	10 508	30,1%

(Auszug aus: Statistisches Jahrbuch 1999 für das Ausland. Statistisches Bundesamt. Wiesbaden 1999)

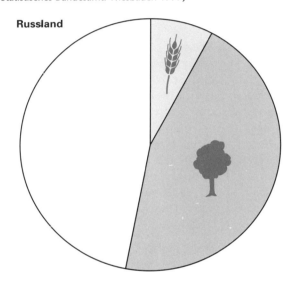

Russland

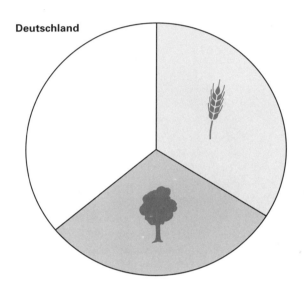

Deutschland

Beitrag landwirtschaftlicher Betriebsformen zur Bruttoproduktion der Landwirtschaft (in %)

	1991	1992	1993	1994	1995	1996	1997[1]
Staatliche und gemeinschaftliche Betriebe [2]	69	67	57	54	51	51	54
Wirtschaften der Bevölkerung	31	32	40	44	47	47	44
Bäuerliche Betriebe	/	1	3	2	2	2	2
Nachrichtlich: Entwicklung der Bruttoproduktion der Landwirtschaft	−5	−9	−4	−12	−8	−5	0

Veränderung gegenüber Vorjahr in vH

[1] Vorläufig [2] Kapitalgesellschaften, Genossenschaften.

(Nach: DIW-Wochenbericht 40/98)

Die Zahlen machen den hohen Anteil der Produktion von Agrargütern durch die privaten Wirtschaften der Bevölkerung deutlich. Sie erzeugen heute nur noch 10 % weniger als die staatlichen oder die genossenschaftlichen Betriebe. Anfang der neunziger Jahre betrug der entsprechende Produktionsunterschied noch 38 %. Die russische Bevölkerung ist in der herrschenden Mangelwirtschaft des Staates stark auf Selbstversorgung angewiesen. Einen sehr schweren Stand haben nach wie vor die selbstständigen Bauern („Fermer"), deren Anteil an der landwirtschaftlichen Produktion seit Jahren kaum steigt.

(Nach: DIW-Wochenbericht 19/99)

Landwirtschaft

Produktion ausgewählter Agrargüter (in Mio. t)

	1991–1995 Jahresdurchschnitt	1992	1993	1994	1995	1996	1997
Getreide	87,9	106,9	99,1	81,3	63,4	69,3	88,5
Zuckerrüben	21,7	25,5	25,5	13,9	19,1	16,1	13,8
Sonnenblumenkerne	3,1	3,1	2,8	2,6	4,2	2,8	2,8
Kartoffeln	36,8	38,3	37,3	33,8	39,9	38,5	37,0
Gemüse	10,2	10,0	9,8	9,6	11,3	10,7	11,1
Fleisch [1]	11,9	12,9	11,9	10,8	9,3	8,6	7,7
Milch	45,4	47,2	46,5	42,2	39,2	35,7	34,1
Eier [2]	40,3	42,9	40,3	37,5	33,8	31,5	31,9

[1] Lebendgewicht [2] Mill. Stück

(DIW-Wochenbericht 40/98)

Die Tabelle verdeutlicht unterschiedliche Entwicklungen in der Produktion der verschiedenen Agrargüter in Russland. Während die Erträge bei den meisten Agrarprodukten in den letzten Jahren stark rückläufig waren, hielt sich die Kartoffel- und die Gemüseproduktion auf etwa gleichem Stand bzw. nahm teilweise sogar zu. Dies erklärt sich dadurch, dass diese beiden Produkte zum überwiegenden Anteil auf den privaten Flächen der Bevölkerung zur Selbstversorgung angebaut werden, während die anderen Güter durch die krisengeschüttelten ehemaligen Staats- und Genossenschaftsbetriebe produziert werden, die durch Desorganisation und Kapitalmangel ihre frühere Produktivität nicht halten konnten.

Beitrag landwirtschaftlicher Betriebsformen zur Produktion ausgewählter Agrargüter (in %)

	Staatliche und gemeinschaftliche Betriebe					
	1992	1993	1994	1995	1996	1997
Getreide	97,4	94,2	94,2	94,4	94,6	93,0
Zuckerrüben	97,8	95,8	95,8	95,9	96,0	95,7
Sonnenblumenkerne	93,0	88,6	88,2	86,2	87,0	87,8
Kartoffeln	21,2	16,5	11,0	9,2	8,9	7,7
Gemüse	44,5	34,5	32,2	25,3	22,1	22,2
Fleisch	64,0	59,4	55,4	49,9	47,2	43,0
Milch	68,1	64,2	60,0	57,1	53,1	51,4
Eier	73,9	72,7	70,9	69,4	68,3	69,2

	Bäuerliche Betriebe					
	1992	1993	1994	1995	1996	1997
Getreide	2,1	5,2	5,1	4,7	4,6	6,2
Zuckerrüben	2,0	3,9	3,5	3,5	3,3	3,5
Sonnenblumenkerne	5,8	9,9	10,2	12,4	11,4	10,8
Kartoffeln	0,8	1,0	0,9	0,9	0,9	1,0
Gemüse	0,8	1,0	1,1	1,3	1,1	1,4
Fleisch	0,7	1,2	1,4	1,6	1,7	1,8
Milch	0,5	1,1	1,3	1,5	1,5	1,6
Eier	0,1	0,2	0,3	0,4	0,4	0,4

	Private Landwirtschaft					
	1992	1993	1994	1995	1996	1997
Getreide	0,5	0,6	0,7	0,9	0,8	0,8
Zuckerrüben	0,2	0,3	0,7	0,6	0,7	0,8
Sonnenblumenkerne	1,2	1,5	1,6	1,4	1,6	1,4
Kartoffeln	78,0	82,5	88,1	89,9	90,2	91,3
Gemüse	54,7	64,5	66,7	73,4	76,8	76,4
Fleisch	35,3	38,8	43,2	48,3	51,1	55,2
Milch	31,4	34,7	38,7	41,4	45,4	47,0
Eier	26,0	27,1	27,1	30,2	31,3	30,4

(DIW-Wochenbericht 19/99)

Auch in den Zahlen spiegelt sich die große Bedeutung der privaten Landwirtschaft in Russland wider. Nur bei den Massenprodukten Getreide, Zuckerrüben und Sonnenblumenkernen liegen die Staats- und gemeinschaftlichen Betriebe mit großen Produktionsanteilen weit an der Spitze. Bei den Erzeugnissen zur Selbstversorgung der Bevölkerung haben die privaten Wirtschaften höhere bzw. in den letzten Jahren ständig steigende Anteile. Auch hier zeigt sich, dass die privaten Fermer-Betriebe mit Ausnahme des Anteils von Sonnenblumenkernen bisher nur wenig zur landwirtschaftlichen Gesamtproduktion beitragen.

Landwirtschaft

Steht der GUS eine Getreidekrise bevor?

Seit Bestehen der GUS ist in den zwölf Nachfolgestaaten der UdSSR insgesamt die Getreideerzeugung im Trend rückläufig. Während 1992 noch 185 Mio. t produziert worden waren, konnte 1998 mit 95 Mio. t nur noch rund die Hälfte dieser Menge geerntet werden.

Dem steht gegenüber, dass der Pro-Kopf-Verbrauch von Getreide und Getreideerzeugnissen für Ernährungszwecke in den GUS-Staaten im genannten Zeitraum nicht zurückgegangen ist, sondern sich wegen der durch die Einkommensverringerung herbeigeführten Änderung in der Ernährungsweise (Substitution von Fleisch und anderen hochwertigen Produkten) sogar leicht erhöht hat. Gleichzeitig ist allerdings die Verwendung von Getreide als Tierfutter beträchtlich zurückgegangen.

Getreidebilanz 1997

	GUS Mio. t	GUS %	EU Mio. t	EU %
Produktion	151,6	100,0	206,9	100,0
+Einfuhr	10,9	7,2	45,7	22,1
+Lagerentnahme[1]	−10,5	−6,9	−10,6	−5,1
−Ausfuhr	6,7	4,4	66,4	32,1
Verwendung:				
Futtergetreide	67,3	44,4	108,0	52,2
Saatgetreide	22,4	14,8	6,3	3,0
Verluste	4,4	2,9	3,7	1,8
Nahrungsmittelherstellung	3,1	2,0	11,5	5,6
Brotgetreide	47,5	31,3	41,8	20,2
Anderes[2]	0,6	0,4	4,3	2,1

	GUS	EU
Einwohner (Mio.)	283,0	374,0
Produktion pro Einwohner (kg)	535,7	553,2
Anbaufläche (Mio. ha)	90,0	38,5
Flächenproduktivität (dt/ha)	16,8	53,7
Mähdrescher (Tsd.)	494	590
Düngemitteleinsatz[3] (Mio. t)	4,6	25,7
Düngemitteleinsatz[3] pro ha (kg)	51,1	667,5

[1] Negatives Vorzeichen bedeutet Einlagerung
[2] Zur Herstellung von Nichtnahrungsmitteln sowie statistische Differenz
[3] Gesamte Landwirtschaft

(Aus: FAO)

In der Tabelle wird die Getreidebilanz der GUS derjenigen der 15 EU-Staaten gegenübergestellt. Bei diesem Vergleich ist unbedingt die überwiegend kleinräumigere und wesentlich höher technisierte Produktionsweise der EU zu berücksichtigen.

In der EU wird auf einem Drittel der Anbaufläche um ein Drittel mehr Getreide geerntet als in der GUS, wobei wesentlich mehr Kunstdünger eingesetzt wird. Ebenfalls ist in der EU der Aufwand für Schädlingsbekämpfung sowie für die Entwicklung von ertragreichen und schädlingsresistenten Sorten höher als in der GUS, wo die landwirtschaftliche Forschung weithin zum Erliegen gekommen ist.

Auch der Einsatz von Mähdreschern und anderen Maschinen pro ha ist in der EU größer, ganz abgesehen vom höheren technologischen Niveau, während in der GUS der Maschinenpark zunehmend veraltet. Der Bestand an Mähdreschern hat von 408 000 Stück im Jahr 1990 auf 248 000 Stück im Jahr 1997 abgenommen. 1990 wurden 66 000 Mähdrescher produziert, dagegen 1997 nur noch 2 000 und 1999 sollen sogar nur 500 Mähdrescher ausgeliefert worden sein. Der jährliche Ersatzbedarf geht aber in die Zehntausende.

Hierbei ist zu berücksichtigen, dass der Getreideanbau in Russland – anders als in den anderen GUS-Ländern – zu 90 % in Großbetrieben (ehemaligen Sowchosen und Kolchosen) erfolgt, während in den privaten Nebenwirtschaften der Bevölkerung sowie der selbstständigen Bauernwirtschaften nur je 5 % des Getreides erzeugt werden. Da diese Strukturen auch in absehbarer Zukunft so bestehen bleiben, führt kein Weg an der Reorganisation und Ausstattung der landwirtschaftlichen Großbetriebe mit moderner Technik vorbei.

Dass die meisten der landwirtschaftlichen Großbetriebe in Russland mit Verlusten wirtschaften und weder die erforderlichen Investitionen noch ihren laufenden Materialbedarf finanzieren können (und ihre Beschäftigten nur verspätet und unzureichend entlohnen), hat eine Reihe von Gründen, die sich wie folgt zusammenfassen lassen:
– schwach entwickelte Marktstrukturen;
– verfehlte Preispolitik;
– steckengebliebene Bodenreform;
– schlechtes Management der Betriebe, häufig auch infolge unklarer Eigentumsverhältnisse.

Bei der Produktion von ca. 500 kg netto pro Einwohner konnte die EU 1997 netto rund 21 Mio. t Getreide exportieren und ihre Reserven um rund 11 Mio. t erhöhen. Auch in der GUS wurden 1997 die Lager um rund 11 Mio. t aufgefüllt, jedoch waren selbst in diesem günstigen Erntejahr Getreideimporte in Höhe von 4 Mio. t erforderlich.

Landwirtschaft

Auf der Verwendungsseite ergeben sich keine gravierenden Unterschiede: rund die Hälfte des Getreides wird für die Viehfütterung aufgewendet; für die menschliche Ernährung einschließlich der Herstellung von Nahrungsmitteln werden ein Drittel (GUS) bzw. ein Viertel (EU) eingesetzt. Ins Auge fällt der deutlich höhere Anteil des Saatgutes (15 %) in der GUS gegenüber der EU (3 %), was auf die Verwendung ertragreicherer Sorten in der EU hinweist.

Das Jahr 1997 war in der GUS das ertragreichste Getreidejahr im Zeitraum 1994–1999, und es ist durchaus fraglich, ob die Werte des Jahres auf absehbare Zeit wieder erreicht werden können. Der jährliche durchschnittliche Mindestbedarf an Getreide in der GUS kann, ausgehend von der Getreidebilanz 1997, wie folgt kalkuliert werden:

Für die Ernährung und Nahrungsmittelherstellung werden 50 Mio. t, für Viehfutter 60 Mio. t, für Saatgut sowie andere Zwecke und Verluste 25 Mio. t, insgesamt also 135 Mio. t benötigt, d. h. rund 500 kg pro Einwohner. Dies bedeutet aber auch, dass in „guten" Jahren deutlich mehr geerntet werden muss, um die Lager auffüllen sowie Exportmöglichkeiten ausnutzen zu können.

Ausblick: Mittelfristig ist mit einer weiteren Verschlechterung der Produktionsbedingungen zu rechnen: Es wird – zumindest in den großen Produktionsländern der GUS – zu einem weiteren Rückgang der Aussaaten, abnehmender Flächenproduktivität wegen geringer Düngerzufuhr sowie Ernteproblemen wegen zu geringem Maschinenpark und Treibstoffmangel kommen.

Wenn ab 2000 nicht einige Jahre mit besonders günstigen Klimabedingungen und dementsprechend umfangreichen Ernten folgen, ist eine Getreidekrise in der GUS nicht zu vermeiden.

Eine energische und grundlegende Reform der Getreidewirtschaft ist unumgänglich. Dafür liegen der russischen Duma bereits Vorschläge vor. Im Kern geht es um die Konzentration staatlicher Hilfe auf diejenigen Territorien und Betriebe, die das Potenzial zu rentabler Wirtschaftsweise besitzen. Das wären rund 3000–4000 landwirtschaftliche Großbetriebe (von gegenwärtig 25 000) sowie 35 000–40 000 Bauernwirtschaften (von gegenwärtig 270 000), wovon man sich eine Ertragssteigerung um mehrere Mio. t Getreide verspricht. Die schwachen Betriebe sollten jedoch weiterhin bei der lokalen Versorgung eine Rolle spielen. Als flankierende Maßnahmen für

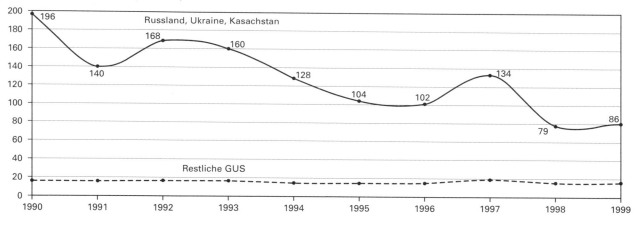

Getreideernte 1990-1999 (in Mio. t)

Die Getreideerzeugung in den zwölf GUS-Staaten ist durch eine deutlich gespaltene Entwicklung gekennzeichnet: In den nach der Fläche neun kleineren Ländern blieb sie – trotz erheblich differierender Entwicklungen der einzelnen Volkswirtschaften – insgesamt bei knapp 20 Mio. t verhältnismäßig konstant. Dagegen hat sich die Getreideerzeugung in den großen Anbauländern seit Anfang der 90er Jahre halbiert, wobei die Rückgänge vor allem in Russland und Kasachstan zu verzeichnen waren.

Die Gründe sind in den volkswirtschaftlichen Rahmenbedingungen zu suchen: Einkommensrückgang, Wegfall von Subventionen sowie Verteuerung von Treibstoffen und Vorprodukten (Mineraldünger) im Vergleich zum Preisniveau für landwirtschaftliche Erzeugnisse.

eine umfassende Lösung der Landwirtschaftskrise sind Verbesserungen in den Bereichen des landwirtschaftlichen Kredits, der Preisbildung und Besteuerung sowie der Absatzbedingungen vordringlich.

(Roland Götz: Steht der GUS eine Getreidekrise bevor? In: Aktuelle Analysen Nr. 23/1999. Hg. v. Bundesinstitut für ostwissenschaftliche und internationale Studien)

22 Landwirtschaft

Ausgewählte Daten zur Landwirtschaft

Hektarerträge ausgewählter Agrargüter in dt/ha, 1997

	Russische Föderation	Deutschland	USA
Weizen	17,7	72,9	26,7
Roggen	17,7	54,3	16,4
Gerste	15,4	58,9	31,4
Hafer	15,9	51,2	21,7
Körnermais	26,3	87,2	79,7
Kartoffeln	121,2	384,1	388,9

(Auszug aus: Statistisches Jahrbuch 1999 für das Ausland. Statistisches Bundesamt. Wiesbaden 1999)

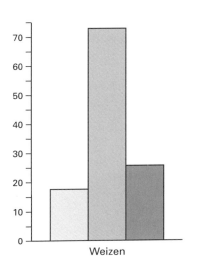
Weizen

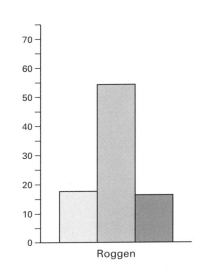
Roggen

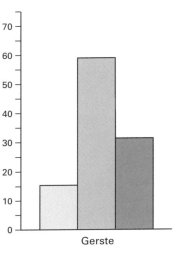
Gerste

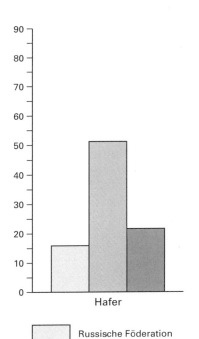
Hafer

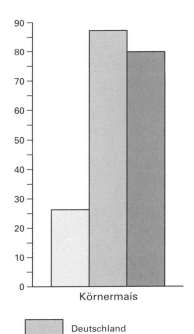
Körnermais

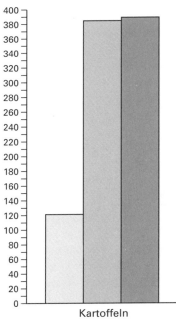
Kartoffeln

Russische Föderation — Deutschland — USA

Umwelt

Umweltkatastrophen bei Russlands Ölproduktion

Ein Land stirbt unter Öl

Deutschland importierte 1998 rund 108 Millionen Tonnen Rohöl, etwa ein Viertel davon aus Russland, das damit größter Einzellieferant ist. Das Hauptkontingent des russischen Öls läuft durch die so genannte „Druschba"(Freundschaft)-Pipeline. Sie wurde Anfang der 60er Jahre gebaut, um die Satellitenstaaten der Sowjetunion mit Öl zu versorgen. Die Druschba wird über ein weitverzweigtes Netz aus verschiedenen russischen Fördergebieten gespeist. Das größte von ihnen ist die Region Tjumen in Westsibirien. Exportöl für Mittel- und Westeuropa kommt unter anderem auch aus der nordrussischen Republik Komi. Russland exportiert rund zwei Drittel seines Rohöls. Die Ölwirtschaft verursacht katastrophale Umweltschäden, vor allem, weil das Pipelinenetz weitgehend veraltet und marode ist. Die norwegische Umweltorganisation Bellona schätzt, dass bei einer Gesamtfördermenge von 300 Millionen Tonnen jährlich durch Zehntausende Leckagen rund 20 bis 50 Millionen Tonnen Öl verloren gehen. Das Öl verseucht Bäche, Flüsse und Seen, tötet Vieh-, Wild- und Fischbestände, dringt in Böden und Grundwasser ein und gefährdet die Trinkwasserversorgung ganzer Regionen. Greenpeace Russland fordert vom Staat und den russischen Ölkonzernen, die teilweise mit ausländischer Beteiligung arbeiten, die umfassende Sanierung von Pipelines und Pumpstationen.

(Greenpeace Magazin 5/99)

Erdöllager Tengis

Lagebericht aus der Erdöl-Republik Komi

Seit zwölf Jahren lebt Ravel in Usinsk in der nordrussischen Republik Komi. Er kennt jeden Bohrturm und jeden Ölsee in der Region, jedes Pipeline-Leck, jede wilde Müllhalde. Auf der Hauptstraße fährt er weiter Richtung Norden. Nach 200 Kilometern, hinter den letzten Ölfeldern, endet die Straße nördlich des Polarkreises im eisigen Wind der Tundra. Vor 25 Jahren wurde Usinsk auf Öl gebaut. Mit dem Ende des Ölrausches in der Region wird die Stadt wieder untergehen. Wann das sein wird, ist ungewiss, aber der Kater hat längst begonnen. „Bis auf das letzte Fünftel sind die Ölfelder hier ausgebeutet, viele Quellen versiegen. Kein Mensch investiert mehr in die Infrastruktur", erzählt Ravel, während er in voller Fahrt einigen Schlaglöchern ausweicht. „Die Manager der Ölfirmen werden praktisch jedes Jahr ausgetauscht. Die interessiert nicht, was nach ihnen kommt."

Ravel biegt auf eine Piste ab, die in den Fichten-, Kiefern- und Birkenwald führt. Stillgelegte Bohrtürme weisen wie mahnende Finger gen Himmel; alte Pumpen, die seit Jahren kein Öl mehr aus der Erde geholt haben, rosten vor sich hin. Er folgt einer schwarzen Rauchsäule am Horizont. Eine Viertelstunde später ist klar, woher sie stammt. Neben der Piste liegt ein von Erdwällen eingefasstes Bassin, darin einige Hundert Tonnen Öl. Zischend und bleckend fackelt die schwarzbraune Suppe in einer meterhohen Feuerwand ab. Nirgendwo ist ein Mensch zu sehen. Schon gar niemand, der sich über die Schweinerei aufregen würde.

Ravel sitzt auf dem Fahrersitz, schneidet sich ein Stück Wurst von seiner Brotzeit ab und schaut den wogenden Flammen zu. „Seit dem Ende der Sowjetunion ist es schlimmer geworden mit den Unfällen. Die Ölfirmen machen sich ihre eigene Grundlage und Zukunft kaputt." Aber was kann ein einfacher Arbeiter wie er dagegen tun? Er ist ein Gefangener in der Einöde, muss das schmutzige Spiel der Ölwirtschaft mitspielen. Wer aufmuckt, verliert seinen Job. In Usinsk gieren genügend Reservisten nach Lohn und Brot. Von den 45 000 Einwohnern der Stadt sind 3000 arbeitslos, und die einzigen, die Arbeit zu vergeben haben, sind die Ölfirmen; denen gehören nicht nur die Anlagen hier draußen im Wald, sondern im Zweifel auch die Läden und Restaurants in der Stadt. „Wenn ich könnte, wäre ich morgen weg", sagt Ravel. Am liebsten würde er mit seiner Frau und den zwei Kindern zurück nach Aserbaidschan gehen, in seine Heimat. Aber kein Mensch bezahlt dem 34-Jährigen für seine Wohnung in Usinsk heutzutage so viel Geld, dass er sich im Süden eine andere kaufen kann. Und was soll er in Aserbaidschan ohne Arbeit?

(Textausschnitt aus Artikel „Fatale Freundschaft" in: Greenpeace Magazin 5/99)

Umwelt

Rettung für den Aralsee?

Maßnahmen zur Schadensbegrenzung

Eine echte Rückführung des Gebiets um den Aralsee auf den Zustand von 1960 halten fast alle Wissenschaftler für ausgeschlossen. Es geht eher darum, die weitere Verlandung zu stoppen und den See in seinem heutigen Umfang zu erhalten. Aber vor allem muss den Menschen in der betroffenen Region geholfen werden, mit den Folgen der Katastrophe fertig zu werden.

Einige der wichtigsten Vorschläge und Maßnahmen zur Schadensbegrenzung sollen im folgenden kurz vorgestellt werden. Sie stellen aber nur einen Bruchteil der Reformen dar, die notwendig sind, um eine umfassende Verbesserung der Situation im Katastrophengebiet herbeizuführen. Wer die Kosten dafür tragen soll und kann ist ungeklärt. Die betroffenen Länder sind arm. Weltbank und Hilfsorganisationen wie die Gesellschaft für Technische Zusammenarbeit (GTZ) allein sind mit der Finanzierung sicherlich überfordert.

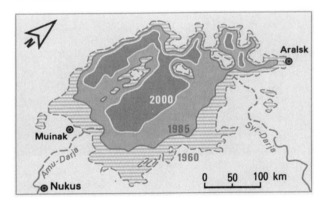

Utopische Rettungsszenarien

Nahezu seit Beginn der Nutzung der Wassermassen von Amu-Darja und Syr-Darja war bekannt, welche Folgen diese Maßnahmen für den Aralsee haben würden. Erst nach und nach nahm man die Folgen der Verlandung/Desertifikation ernst und begann Überlegungen anzustellen, wie man die Katastrophe in den Griff bekommen könnte. Viele der Vorschläge zur Rettung des Aralsees sind aber eher in die Kategorie „kurios" oder „absurd" einzustufen und entbehren jeglicher realistischer Grundlage. Hier eine kurze Auswahl:

– Auftauen des Eises im Pamirgebirge und Ableitung des Wassers in den Aralsee,
– Auflösung aller Wüstenstauseen,
– Umleitung der sibirischen Flüsse nach Süden in den Aralsee,
– Bau eines Kanals vom Kaspischen Meer zum Aralsee,
– Umleitung eines Teils der Wolga über den Fluss Ural,
– Auspumpen des Issykkul-Sees in Kirgisistan (nahe der chinesischen Grenze) zur Wiederauffüllung des Aralsees.

Alle diese Maßnahmen erfordern einen immensen Aufwand an Kosten und Energie (z. B. für Pumpstationen, um das Wasser auf die notwendige Höhe zu bringen, damit Hindernisse wie das Ust-Urt-Plateau überwunden werden können) und/oder schädigen Menschen und Ökosysteme in den von der Wasserentnahme betroffenen Gebieten. Trotzdem sind in den letzten Jahrzehnten bereits mehrere Hundert Millionen Rubel in Vorarbeiten (Forschungsstationen usw.) für derartige Projekte geflossen. Letzten Endes sind sie, statt die Not zu lindern, regelrecht im Sand-/Salzgemisch der Wüste versickert. Keines der Projekte wurde – glücklicherweise – bisher wirklich realisiert.

Wiederaufnahme der Speisung des Aralsees

... Konkreter und sinnvoller erscheint die Wiederaufnahme der Speisung des Aralsees. Seit 1986 wird dem See über die Abflüsse aus der Bewässerung gezielt wieder Wasser zugeführt. Als Wasserstraßen dafür dienen bis zu 1500 km lange Kanäle, die beispielsweise von Samarkand aus Wasser sammeln und in den Aralsee transportieren. Ziel ist es, dem See auf diese Weise im Jahr 2000 wieder 15 km^3, im Jahr 2005 sogar 20 km^3 Wasser zuzuführen.

Dies sind Werte, die sich auf den ersten Blick gut machen. Bei einem Vergleich zwischen Zufuhr und Verdunstung erkennt man jedoch schnell, dass die Bilanz selbst unter den genannten Bedingungen im Jahr 2005 für den Aralsee noch immer ein Defizit von 10 km^3 Wasser aufweist. Die Folge: der Vorgang des Austrocknens und damit der Wüstenbildung geht weiter. Zudem bringt das zugeführte Wasser dem Aralsee weitere Pestizidrückstände, Salz, Entlaubungsmittel usw.

Umwelt

Hier herrschte einst reger Hafenbetrieb (Aralsk)

Maßnahmen zum Wassersparen

110 km³/Jahr Wasser stehen im Einzugsgebiet des Aralsees zur Verteilung an. Der überwiegende Teil wird zur Bewässerung landwirtschaftlicher Felder verwendet. Wie Wissenschaftler feststellen, ließe sich der Verbrauch des dafür benötigten Wassers einfach nur durch Wassersparen relativ problemlos um 30–50 % reduzieren.
Dazu müssten:
- unrentable, extensiv genutzte landwirtschaftliche Gebiete aufgegeben,
- mehr als eine Million Hektar Reis- und Baumwollanbaufläche stillgelegt (Karakalpakien/Usbekistan z. B. hat eine Kürzung der Baumwollfelder auf 40 % der Ausgangsgröße angekündigt) oder durch anspruchslosere Pflanzen (Weizen, Sorghum, Hirse) ersetzt,
- die Qualität und Trassenführung der Bewässerungskanäle optimiert,
- neue Verfahren der Bewässerung (unterirdisch bzw. Tröpfchenbewässerung) eingeführt,
- keine neuen, zusätzlichen Bewässerungsprojekte mehr in Angriff genommen werden.

Auch eine Besteuerung der Wasserentnahme erscheint in diesem Zusammenhang hilfreich, da durch die gigantischen Bewässerungsprojekte der Umgang mit dem kostbaren Gut in der Bevölkerung häufig schludrig und schlampig geworden ist.
Das eingesparte Wasser könnte zumindest teilweise zur Speisung des Sees verwendet werden.

Verbesserung der gesundheitlichen Situation der Bevölkerung

Eine zumindest ebenso wichtige Aufgabe der Hilfsorganisationen ist der Kampf um die Gesundheit der Menschen im Krisengebiet.
Die schlechte Trinkwasserqualität (Pestizide, Salz, Entlaubungsmittel, Bakterien etc.) verursacht viele Erkrankungen. So bemüht sich die GTZ u. a. darum, die Trinkwassersituation entlang des unteren Amu-Darja zu verbessern. Da die Trinkwasserleitungen nur bis Nukus reichen, sind im weiteren Verlauf des Flusses die Wasseraufbereitungsanlagen von besonderer Bedeutung. Diese befinden sich seit Jahren aber in einem derart desolaten Zustand, dass das Wasser nach der „Aufarbeitung" nahezu den gleichen Schadstoffgehalt wie vorher hat. Hier versucht die GTZ Abhilfe zu schaffen.
Es bedarf aber noch erheblicher Anstrengungen seitens aller Beteiligten, um das komplette Trinkwasserverteilungsnetz zu renovieren bzw. zu vervollständigen. Auch müssten noch zahlreiche Anlagen zur Entsalzung und bakteriologischen Behandlung des Wassers in das bestehende System integriert werden.

Aktuelle Projekte verschiedener Organisationen

- Versuchsprojekt der GTZ, bei dem der ausgetrocknete Boden des Aralsees mit salzresistentem Schilfgras bepflanzt wird, um den verheerenden Sand- und Salzverwehungen zu begegnen
- EU-TACIS-Projekt zum Aufbau eines GIS für die zentralasiatischen Staaten
- Weltbank – IFAS: International Fund for the Aral Sea. Mehrere kleinere nationale Projekte.
- NATO: land and water management GIS (mit Beteiligung des DLR/DFD, Projekt ist in der Abschlussphase und ein Nachfolgeprojekt beantragt)

(DLR/DFD und Letolle/Mainguet: Der Aralsee – Eine ökologische Katastrophe, Bild: DLR/DFD
© G. O. – Wissen Online – http://www.g-o.de)

Schwarzes Wasser im Brunnen

Pjotrajewka, die Siedlung gleich hinter den Werken, hätte schon längst geräumt werden sollen, weil sie auf hochgiftigem Boden steht. Aber für eine Umsiedlung fehlt das Geld. Deshalb ist alles beim Alten geblieben, und deshalb lebt auch Witalij Beresin noch hier.

Witalij hat von dem Gift im Boden nichts gewusst, als er in diese Gegend kam. Damals galt sie als Fortschrittssymbol der Wirtschafts- und Militärmacht Sowjetunion. Heute ist Dserschinsk die am schlimmsten verseuchte Chemiestadt in ganz Russland. 60 Giftmüllhalden türmen sich rund um die Wohnsiedlungen. Grundwasser und Boden sind mit Quecksilber, Chrom und Kupfer belastet, einen nahe gelegenen See haben internationale Umweltexperten zum giftigsten See der Welt ernannt.

[...]

Die Siedlung Pjotrajewka liegt an einem Schlammloch namens „Weißes Meer", in das die Fabriken ihre Abwässer einleiten und das sich bereits 55 Hektar weit in die Landschaft gefressen hat. Über einen Kanal gelangt die Brühe in die Oka, von dort bei Nischni Nowgorod in die Wolga und dann bis zu den Kaviarbänken von Astrachan und ins Kaspische Meer.

Witalij Beresin freilich geht es vergleichsweise gut. Er ist 56 Jahre alt und fühlt sich nicht mal schlecht – obwohl die durchschnittliche Lebenserwartung in Dserschinsk bei 42 Jahren liegt. Witalij arbeitet im Kraftwerk und bewirtschaftet nebenbei einen Morgen Land. Im Stall stehen drei Kühe, zwei Ziegen und vier Schweine – er muss immerhin eine Frau und 15 Kinder ernähren. Seit 25 Jahren lebt Witalij mit dem schleichenden Tod seiner Stadt. Zuerst brach seine Kartoffelernte ein. Statt 80 Säcken füllten die Kinder im Herbst nur noch 25. „Und die Kartoffeln sind klein wie Murmeln", klagt er.

Dann wurden die Kühe krank. Sie wollten plötzlich kein Gras mehr fressen und das Wasser nicht mehr trinken, das Beresin aus seinem 21 Meter tiefen Brunnen pumpte: „Nach einer Stunde war es schwarz und stank."

Heute kommt das Wasser aus der Stadt. Doch die schwarze Brühe aus dem Brunnen wird weiter zum Bewässern der Gemüsebeete verwendet, die geernteten Gurken und Tomaten werden auf dem Markt von Nischni Nowgorod verkauft. Neuerdings tragen die Obstbäume nicht mehr. „Wenn mal ein Apfel dran hängt, ist er innen hohl", sagt Beresin. „Gott hat jeden auf seinen Platz gestellt, die Sonne, die Sterne – uns hat er diesen Flecken zugewiesen." Wo sollen sie sonst auch hin?

Beresins Demut vor Gott wurde auf eine harte Probe gestellt, als seine fünfjährige Tochter Katja erkrankte. Zunächst verweigerte sie jede Nahrung. Als hohes Fieber den kleinen Körper schüttelte, brachten sie Katja in eine Klinik nach Nischni Nowgorod. Dort wurden eine mehrfach vergrößerte Leber, eine rätselhafte Blutkrankheit und die Zerrüttung des Immunsystems „aufgrund von Umwelteinflüssen" diagnostiziert.

Dass die Kleine nach einem Blutaustausch gerettet werden konnte, empfanden sogar die Ärzte als Wunder. Katja ist jetzt „Invalidin zweiter Klasse". Sie bekommt 300 Rubel Rente – umgerechnet 20 Mark.

[...]

Die Anlagen in Dserschinsk sind 60 Jahre alt. Sie wurden, wenn sie defekt waren, stets nur notdürftig geflickt. „Eine Zeitbombe", glaubt Schulin. Vor zwei Jahren hat die Stadtverwaltung Gasmasken an alle Einwohner ausgeteilt. „Keiner weiß, was in den Hallen wirklich passiert. Nur von den größten Unfällen haben wir erfahren – über die ‚Stimme Amerikas'."

Im Sprengstoffwerk haben sie früher ganze Lkw-Ladungen von Toten zum Friedhof gekarrt. Und in Schulins Fabrik sind Chlorunfälle an der Tagesordnung. Er hatte Kollegen, die sind durch Schwefelsäure blind geworden, andere an Blausäurevergiftung gestorben.

Die Hoffnung, der Westen könne Dserschinsk auf die Beine helfen, scheint sich zu zerschlagen. Rund 500 Arbeiter sind noch in der Kosmetikfabrik von Wella, beim Gipsplattenproduzenten Knauf und beim Anlagenbauer Uhde beschäftigt, drei deutschen Firmen, die von Dserschinsk aus den russischen Markt erschließen wollten. Seit dem Ausbruch der Rubelkrise stehen in ihren Hallen viele Maschinen still.

Dass den Arbeitern trotzdem noch Löhne gezahlt werden, kann Wladimir Prozorow, den Chef der Umweltbehörde in Dserschinsk, nicht beeindrucken: „Die kommen hierher, weil es sich in Dserschinsk billiger und mit weniger Umweltauflagen produzieren lässt."

(Der Spiegel 3/1999, 18.01.1999. S. 136–138)

Umwelt
Die Lage in der russischen Atomindustrie

Außer Kontrolle

Chaos in der russischen Atomindustrie bedroht den Osten wie den Westen.

Jewgenij Adamow ist ein Überzeugungstäter. Unverdrossen setzt der russische Atomminister auf die gefährlichste Art der Stromerzeugung – Tschernobyl zum Trotz. Den Nuklearstromanteil seines Landes will er von derzeit 13 auf 30 bis 40 Prozent steigern. Allein zwei modifizierte „RBMK"-Reaktoren des gefährlichen Tschernobyl-Typs sind im Bau – bei St. Petersburg und Kursk.

Nun will Atompate Adamow die Schrottmeiler auch noch vermehrt ins Ausland exportieren. In Kuba, Indien und im Iran sind bereits Atomkraftwerke nach Russen-Konzept im Bau – gegen heftigen internationalen Protest, auch weil das in den Reaktoren erbrütete Plutonium für den Bau von Atomwaffen verwendet werden kann.

Weitere Devisen für sein krisengebeuteltes Land hofft Adamow mit der Aufbereitung und Endlagerung von ausländischem Atommüll in Russland zu verdienen. Dazu will er das Atomgesetz ändern, das solche „Strahlenimporte" bislang verbietet.

Doch mit Atommüllschiebereien nach Russland – dem bereits heute verstrahltesten Land der Welt – würde der Bock zum Gärtner gemacht. Nirgendwo sonst wird so fahrlässig mit nuklearen Altlasten umgegangen. Auf dem Grund der Barentssee und des Karibischen Meeres rosten Container mit 11 000 Kubikmetern radioaktivem Müll sowie 15 Havarie-Reaktoren aus Atom-U-Booten. Leckagen verstrahlen in weitem Umkreis das Meer. Rund 130 schrottreife Atom-U-Boote liegen, teils halb demontiert, in russischen Militärbasen. 1989 schmolz in einem U-Boot der Reaktorkern – ein Mini-Tschernobyl.

Auch einen Unfall wie 1957 im Atomzentrum Majak bei Tscheljabinsk, dessen Zustand westliche Experten noch heute als haarsträubend bezeichnen, kann niemand ausschließen. Damals war – beim nach Tschernobyl schwersten Unfall der zivilen Kernenergienutzung – ein 300 Kubikmeter fassender Stahltank mit hochradioaktivem Müll detoniert. Der Fallout verstrahlte eine Fläche von 23 300 Quadratkilometern mit rund 20 Millionen Curie. (Tschernobyl setzte 50 bis 150 Millionen Curie frei). Die Strahlung ließ den Himmel karminrot leuchten – in einer nahen Stadt glaubten die Bewohner, das Nordlicht zu sehen.

Die Arbeitsmoral in den Atomzentren liegt nahe Null. Gehälter werden monatelang nicht ausgezahlt. Nun drohen Streiks. Der Schmuggel mit spaltbarem Material hat bereits epidemische Ausmaße angenommen. „Von Jahr zu Jahr wird die Lage schlimmer", gibt selbst Vize-Atomminister Nikolai Jagorow zu – und warnt vor einer „Katastrophe schlimmer als Tschernobyl", falls nichts unternommen würde. Sein Chef Jewgenij Adamow unternimmt zwar etwas. Leider nur das Falsche.

(Claus-Peter Sesin. Aus: Greenpeace Magazin 5/99, S. 68)

BONNER TSCHERNOBYL

Moskau

Das Geld strömt nur nach Moskau

Russlands Metropole kennt kein Maß und hat doch immer ein Ziel. Kleine Brötchen werden hier nicht gebacken. Moskau weigert sich, ein normales Leben zu führen. Es putzt sich heraus und donnert sich auf, ziert sich einerseits und möchte doch andererseits nur eins: Eindruck schinden und dem Fremden durch schieres Übermaß die Sinne rauben.

Das ist so von alters her. Moskau lebt den Superlativ. Es beherbergt die größte Kanone und die gewaltigste Glocke der Welt. Freilich, die Kanone hat nie Pulver gesehen, die Glocke nie geläutet. Doch ist das von Belang? Die Geste zählt, der Wille, dem Undenkbaren Gestalt zu verleihen.

Das neue, das kapitalistische Moskau bleibt sich treu: Es hält auch nichts vom Kleckern. Einen Steinwurf vom Zentrum und dem Sitz der Zentralmacht entfernt planen die Stadtherren, eine Geschäftsstadt zu errichten: „Moskwa City". 8,5 Milliarden US-Dollar soll sie kosten, 2,5 Millionen Quadratmeter Wohn- und Geschäftsfläche sowie 30 Hochhäuser umfassen.

Die Stadtentwicklung Moskaus

Schwierige Ausführung

Moskau war immer Schaufenster dessen, was der russische Geist an Ideen ersann. Oftmals Geniales – immer jedoch sehr Ehrgeiziges. Schwierigkeiten tauchten bei der Ausführung auf. Ein Gang durch Moskaus Innenstadt verrät, der Kapitalismus, ein Import aus dem Westen, wird nicht nur angenommen, er legte sich ein sagenhaft luxuriöses Äußeres zu. Die nächste Generation Moskowiter muss felsenfest davon überzeugt sein, ihre Väter seien es gewesen, die die Verwertungslogik des Kapitals erst erfunden haben.

Zahlen und Statistiken aus offizieller Feder sind indes mit verhaltener Skepsis zu betrachten. Die Datenverwalter in der Bürgermeisterei lassen sich nur ungern in die Karten schauen. Moskau ist wirtschaftlich eine Erfolgsstory, aber erst die Geheimnisse, die den Boom begleiten, sorgen für die richtige Spannung.

Auf den ersten Blick ist die Entwicklung im Finanzstandort Moskau atemberaubend. Keine andere russische Stadt reicht an sie heran. Alle Geldströme des Landes fließen nur in die Hauptstadt. Um die zehn Trillionen alte Rubel verschluckte sie im vergangenen Jahr monatlich. [...] Knapp elf Prozent des russischen Bruttoinlandsproduktes, das den gigantischen Schwarzmarkt von etwa der Hälfte aller geschäftlichen Aktivitäten nicht miteinbezieht, werden in der Neun-Millionen-Metropole erwirtschaftet.

Insgesamt lagern an die 80 Prozent des landesweiten Kapitals in Kremlnähe. Wie die Weltbank angab, blieben 1996 auch vier Fünftel aller russischen Investitionen an der Moskwa. Sechs der reichsten Männer der Welt, vermutet das amerikanische Magazin „Forbes", sind Bürger der Stadt, in deren Mauern sich immerhin über 300 000 Dollarmillionäre aufhalten sollen.

1000 Banken haben dem einst arg ramponierten Stadtbild wieder eine ansehnliche Fassade gegeben. Die neuen internationalen Kredite bedeuten für die Bankhäuser eine Galgenfrist. Eine Abwertung des Rubels hätte bis auf die Staatliche Sberbank alle in den Ruin gerissen.

Bauten für die Ewigkeit

Insgesamt verfügt die Stadt über zehn Millionen Quadratmeter Bürofläche, wovon etwa eine Million westlichem Standard entspricht. Zu mieten oder zu leasen sind davon nach Schätzungen eines westlichen Maklers aber höchstens fünf Prozent. Der Eindruck täuscht, das Baufieber stille die Nachfrage. Die meisten Neubauten ziehen inzwischen russische Firmen hoch, um ihren Eigenbedarf zu decken. Nach wie vor fehlt eine Million Quadratmeter Bürofläche. Dem „Moscow Business Directory" ist zu entnehmen, dass sich monatlich um die zweihundert neue Firmen in der Stadt ansiedeln. Von den 500 marktführenden Multis sind gar erst etwas mehr als ein Drittel vertreten. Die Hälfte der 16 000 in Russland ansässigen ausländischen und Gemeinschaftsunternehmen ist offiziell in der Hauptstadt registriert. Der Jahresmietpreis für einen Quadratmeter bewegt sich um die 750 US-Dollar. Und die Stadtregierung als wichtigster Eigentümer setzt alles daran, um die Mieten künstlich hoch zu halten.

Bietet es sich da nicht an, eine Immobilie zu erwerben oder selbst zu bauen? Auch in diesem Fall stellt die stolze Kapitale wieder einen Sonderfall dar.

Moskau

Kostet im Westen ein Quadratmeter Neubau 2500 US-Dollar, müssen ausländische Bauherren in Russland mindestens das Doppelte veranschlagen. Der Spießrutenlauf nach Genehmigungen, Stempeln, Unbedenklichkeitsbescheinigungen und doppelt abgezeichneten notariellen Beglaubigungen und was sich die russische Bürokratie nicht noch alles spontan einfallen lässt, treibt Interessenten in die Arme eines „Planers". Seine Qualifikation besteht vornehmlich in langjährig gepflegten Beziehungen zum Rathaus. Seine Arbeit lässt er sich mit 1500 US-Dollar pro Meter vergüten. Schließlich verdient auch die Stadt an jedem Objekt noch mit.

Mossowjet

Es ist möglich, ein Haus zu bauen, nur gehört dem Bauträger nicht der Grund und Boden. Die Stadt behält sich sogar am Gebäude noch Eigentumsrechte vor. „Was man am Ende wirklich besitzt", gesteht ein „Planer", „ist die Tapete und die Luft dazwischen". Die Bauexplosion zeigt am augenfälligsten, in wie viel Geld die Metropole schwimmt. Rund 700 000 Arbeiter verwandeln täglich das Antlitz der Stadt. Fünfzig Kilogramm frisch aufgetragenes Blattgold strahlen von der Kuppel der wieder errichteten Christi-Erlöserkirche im Zentrum. Die verglaste Fassade des Rohstoffgiganten Gazprom pariert stadtauswärts neugierige und begehrliche Blicke der Außenwelt. Blendwerk, wohin das Auge schaut.
Bürgermeister Luschkow versucht unterdessen, die städtischen Anteile an Baufirmen zu erweitern. Wie immer geht er mit Sammlerverstand und Leidenschaft zur Sache. Wer im „Ruskoje bistro" – einer einheimischen Fast-food-Kette– eine Pirogge verzehrt, als Gast im Hotel National absteigt, am äußeren Autobahnring den Tank füllt oder am Roten Platz in ein Taxi hüpft, steckt oftmals, ohne es zu ahnen, Geld in das Stadtsäckel.
Die Liste der städtischen Firmen reicht in die Hunderte, darunter ein Fernsehkanal, ein Investmentfonds, eine Großbäckerei, die ein Fünftel des hauptstädtischen Brotbedarfs deckt, und eine Arbeitsvermittlungsfirma. Über zwei Millionen Hauptstädter sind in Unternehmen beschäftigt, die entweder ganz der Administration unterstehen oder in denen sie nennenswerte Anteile besitzt.
Die „Luschkow AG" avancierte zum unbezwingbaren Monopolisten. Sobald sie ein zehnprozentiges Aktienpaket erworben hat, schickt das Rathaus einen Vertreter in den Aufsichtsrat, Politik und Geschäft sind nur mehr schwer auseinanderzuhalten.
Die Arbeitsbedingungen, die der Stadtpatron den Auserwählten garantiert, untergraben Konkurrenz, die Qualität der Dienstleistungen leidet, aber vor allem blüht die Korruption. Schon heute vergeudet ein russischer Unternehmer in Moskau 2,5-mal mehr Zeit in Verhandlungen mit der städtischen Bürokratie als sein polnischer Kollege in Warschau.

Glück im Spiel

Die Hälfte der Ausgaben bestreitet die Stadt aus ihren kommerziellen Einnahmen, nicht aus dem Haushalt. Doch liegt Moskau auch bei den Steuereingängen vorne. 127 Milliarden neue Rubel (35 Milliarden Mark) klingelten 1997 in der Stadtkasse. Das entspricht einem Viertel aller eingetriebenen Steuern in der Russischen Föderation, obwohl die Bevölkerung der Hauptstadt nur sechs Prozent ausmacht.

(Rheinischer Merkur 31/98, K. H. Donath)

Modernes Wohnviertel

30 Moskau

Basisinformationen

Fläche: ca. 900 km² innerhalb des Autobahnrings, mit aktuellen Erweiterungen über 1000 km²

Einwohner: 9,3 Millionen

Verkehr: fünf internationale Flughäfen, neue Bahnhöfe für Fernverkehrszüge, Metro mit 262 Bahnhöfen und täglich ca. 9 Mio. Fahrgästen

Daten zur Stadtentwicklung

	1991	1992	1995
Beschäftigte in der Wirtschaft (in 1000)	4960	5173	5080
davon in staatlichen Betrieben	3842	2687	2189
im nicht staatlichen Sektor	1118	2486	289
davon in privaten Betrieben	56	1173	1479
als private Einzelunternehmer	4	133	241
Ausfuhr von Industrieproduktion (in Mio. US$)	185	321	400
Anzahl der Jointventures mit ausländischer Beteiligung	1310	3033	9813
Anteil privater Betriebe am Einzelhandelsumsatz (in %)	3,2	87,2	93,3
Hotels	154	169	173
Hotelbetten (in 1000)	59	73	69
Verbrauch von Nahrungsmitteln (kg/Pers./Jahr)			
Fleisch	94	68	66
Milch/Milchprodukte	341	303	256
Gemüse	85	71	66
Obst	41	36	38

Entwicklung der vermieteten gewerblichen Büroflächen in Moskau

	Fläche (in m²)	mittlere Miete (in US-$)
1992	80 000	700
1993	120 000	750
1994	250 000	850
1995	420 000	800
1996	740 000	750
1997	990 000	700
1998	(geplant) 1 217 000	700

(Lorenz Deuringer: Moskau heute. In: geographie heute. 160/1998. S. 22–24.)

Linksammlung
Internetadressen zum Thema

http://www.odci.gov/cia/publications/factbook/rs.html
· Das CIA World Factbook liefert kurze Angaben zur Geographie, Wirtschaft und Politik Russlands

http://aw.wk.or.at/awo/markt/europa/ru/statistik
· Hier findet sich eine Zusammenstellung aller wichtigen Wirtschaftsdaten über einen Zeitraum von sechs Jahren, Datenquelle ist die Weltbank.

http://www.diw.de/
· Deutsches Institut für Wirtschaftsforschung, auch mit Themen über Russland, z. B. in den Wochenberichten

http://www.bhak01-graz.ac.at/moskau/stadtpla.htm
· Bietet einen sensitiven Stadtplan Moskaus

http://www.moskva.net/moskau/index2.html
· Stadtplan „Model of Moscow" als Download und zahlreiche Informationen über Moskau

http://www.russlandinfo.de/mm/moskau/Index.htm
· Enthält eine kleine Dia-Show, die Klimadaten Moskaus und eine Sammlung weiterführender so genannter „Multimedia-Artikel über Moskau"

http://www.-imk.physik.uni-karlsruhe.de/~muehr/Climate/Asien/russland_2.html
· Institut für Meteorologie und Klimaforschung veröffentlicht hier Klimadaten aus ganz Russland

http://www.fao.org/
· Datenbank der Food and Agriculture Organization of The United Nations

http://www.biost.de/
· Homepage des Bundesinstitutes für ostwissenschaftliche und internationale Studien in Köln. Fundgrube für Fachartikel und Kommentare zu aktuellen Themen

http://www.dfd.dlr.de/app/anim/aralsee.html.de
· Animation zur Flächenabnahme des Aralsees

http://www.amnesty.de/berichte/index.html
· Berichte von Amnesty International

http://www.online.ru/sp/iet/trends/index.html
· Aktueller Wirtschaftsbericht, zum Teil mit Statistiken und Tabellen angereichert

Da Internetadressen ständigen Änderungen unterliegen, bietet Klett-Perthes eine regelmäßige Aktualisierung der Links unter:
http://www.klett-verlag.de/klett-perthes

Russland und seine Nachbarn

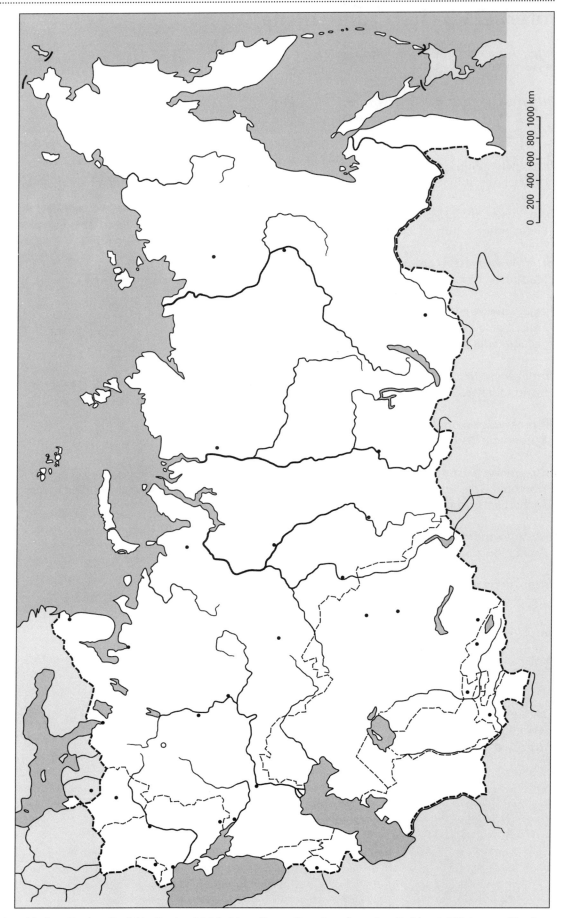

---- Grenzen der GUS

© Justus Perthes Verlag Gotha GmbH, Gotha 1999. Von dieser Druckvorlage ist die Vervielfältigung für den eigenen Unterrichtsgebrauch gestattet. Die Kopiergebühren sind abgegolten.